MON CAHIER D'ÉCRITURE ARABE

Pour débutants

ISBN : 9788354925385

Ce livre appartient à:

....

NOTEZ QUE

- L'arabe s'écrit de droite à gauche.
- Elle ne contient pas de lettres en majuscules.

CONSEILS

1 Commencez par regarder chaque lettre en gras.

2 Remarquez les chiffres et les flèches qui indiquent la direction que votre crayon doit prendre et où chaque lettre commence et se termine.

3 Tracez les lettres en pointillée avant d'essayer quelques lettres par vous-même.

بسم الله الرحمن الرحيم

L'Alphabet arabe

الحروف العربية

ج	ث	ت	ب	أ	
jim	thaa	taa	Baa	Alif	
ز	ر	ذ	د	خ	ح
Zay	Raa	Dhaal	Daal	Khaa	Haa
ط	ض	ص	ش	س	
Taa	Thaad	Saad	Shiin	Siin	
ق	ف	غ	ع	ظ	
Qaaf	Faa	Ghayn	Ayn	Thaa	
ه	ن	م	ل	ك	
Haa	Noon	Miim	Laam	Kaaf	
ي	و				
Yaa	Waw				

أ

Alif

أَسَدٌ

/assad/

أ

أ أ أ أ أ أ

أ أ أ أ أ أ

أ أ أ أ أ أ

أ أ أ أ أ أ

أ

بُرْتُقَال

/bortokal/

ب

Baa

ب

ب

ب

تُفَّاحُ

/tofah/

ت

Taa

ت

ت

ت

ث

Thaa

ثَوْم

/thaom/

ث

ث

ث

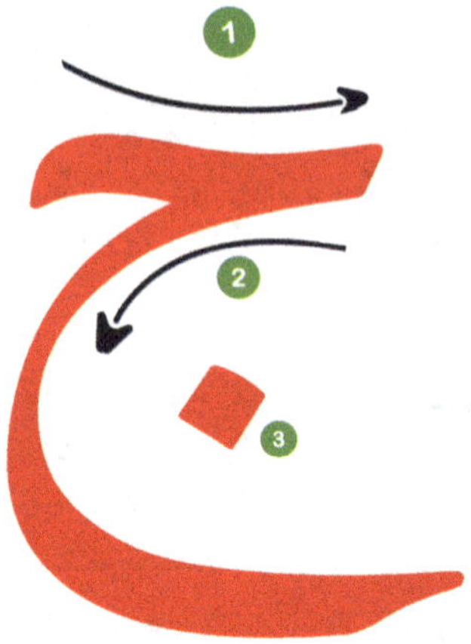

Jim

جَزَرٌ

/jazar/

ج

ج ج ج ج ج ج

ج ج ج ج ج ج

ج ج ج ج ج ج

ج ج ج ج ج ج

ج

حِمَارٌ

/himar/

ح

Haa

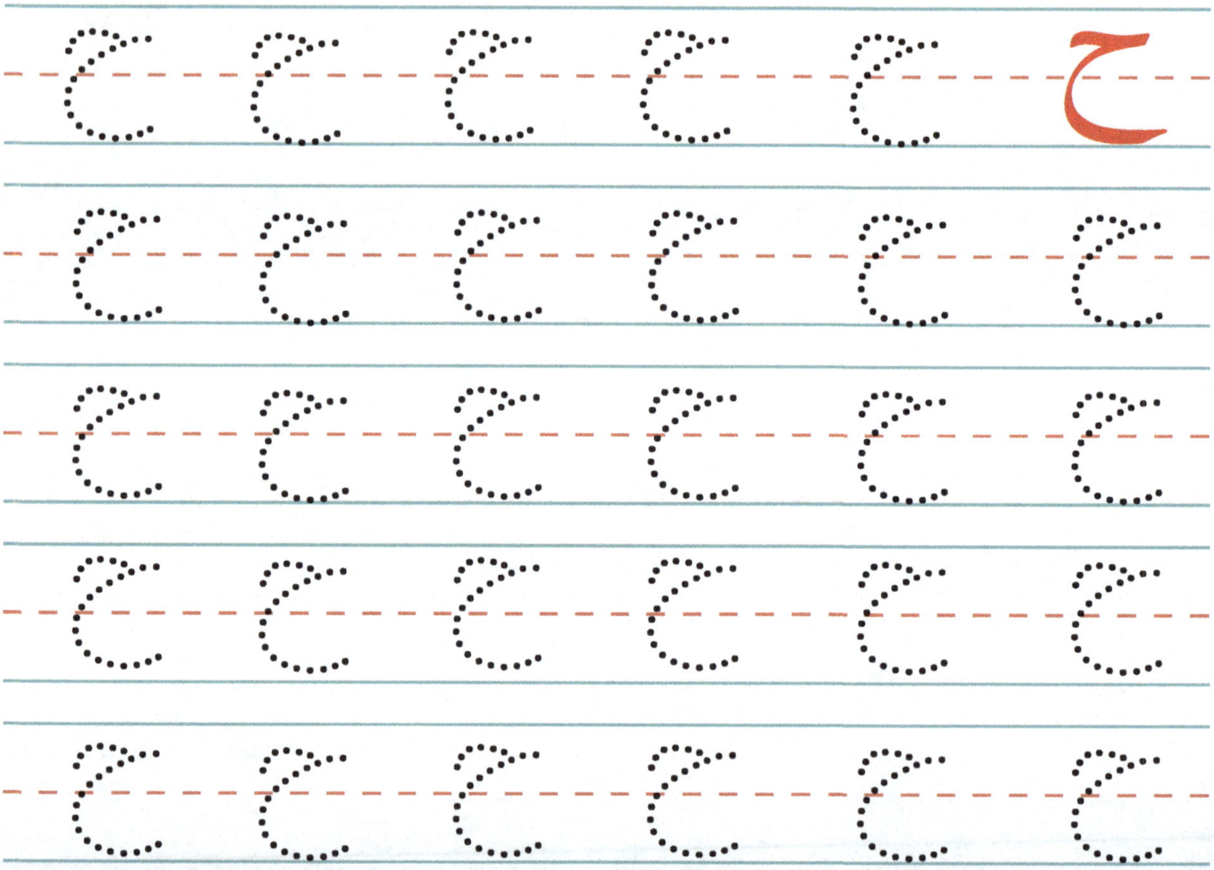

ح ح ح ح ح ح

ح ح ح ح ح ح

ح ح ح ح ح ح

ح ح ح ح ح ح

ح

خَرُوف

/kharuf/

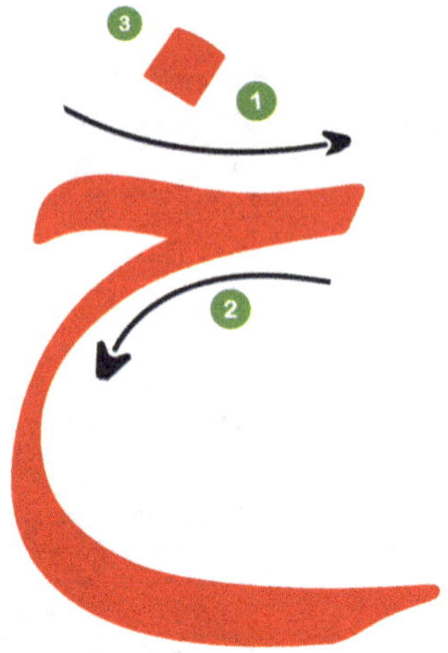

Khaa

خ

خ خ خ خ خ خ

خ خ خ خ خ خ

خ خ خ خ خ خ

خ خ خ خ خ خ

خ

دَجَاجَةٌ

/dajaaja/

د

Daal

د

د

د

ذ

Dhaal

ذُرَة

/dhura/

ذ

ذ ذ ذ ذ ذ ذ

ذ ذ ذ ذ ذ ذ

ذ ذ ذ ذ ذ ذ

ذ ذ ذ ذ ذ ذ

ذ

رُمَّانٌ

/rommaan/

ر

Raa

ر ر ر ر ر ر

ر ر ر ر ر ر

ر ر ر ر ر ر

ر ر ر ر ر ر

ر

زَرَافَةٌ

/zaraafa/

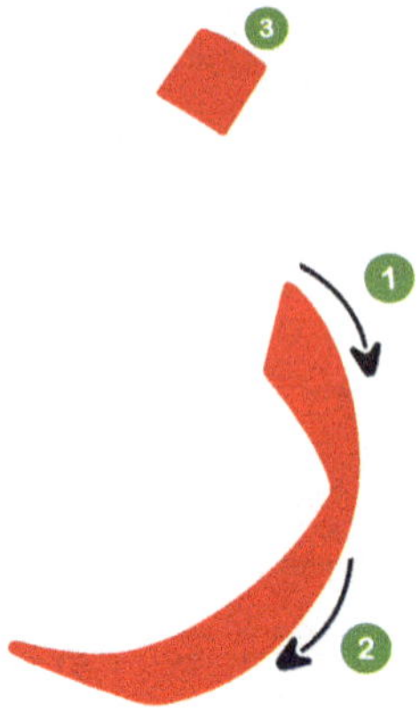

Zay

ز

ز ز ز ز ز ز

ز ز ز ز ز ز

ز ز ز ز ز ز

ز ز ز ز ز ز

ز

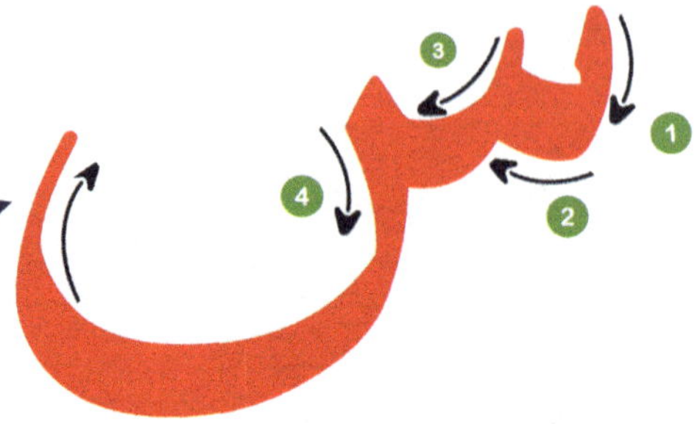

Siin

سَمَكَة

/samaka/

س

س

س

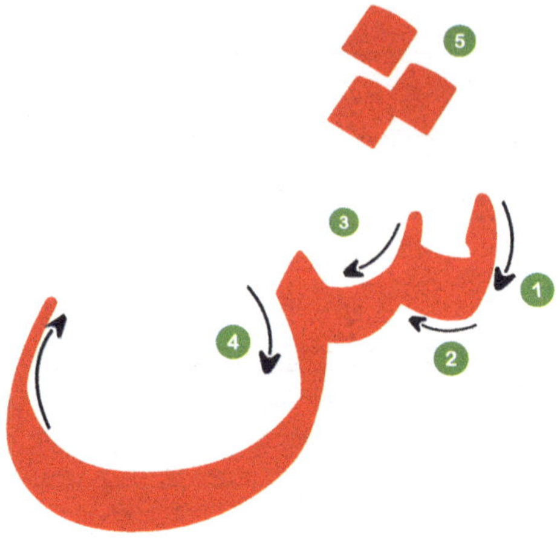

Shiin

شَجَرَةٌ

/shajara/

ش

ش ش ش ش ش ش

ش ش ش ش ش ش

ش ش ش ش ش ش

ش ش ش ش ش ش

ش

COLORIAGE

Découvrez l'image en coloriez les éléments selon les instructions ci-dessous.

س ب د ش

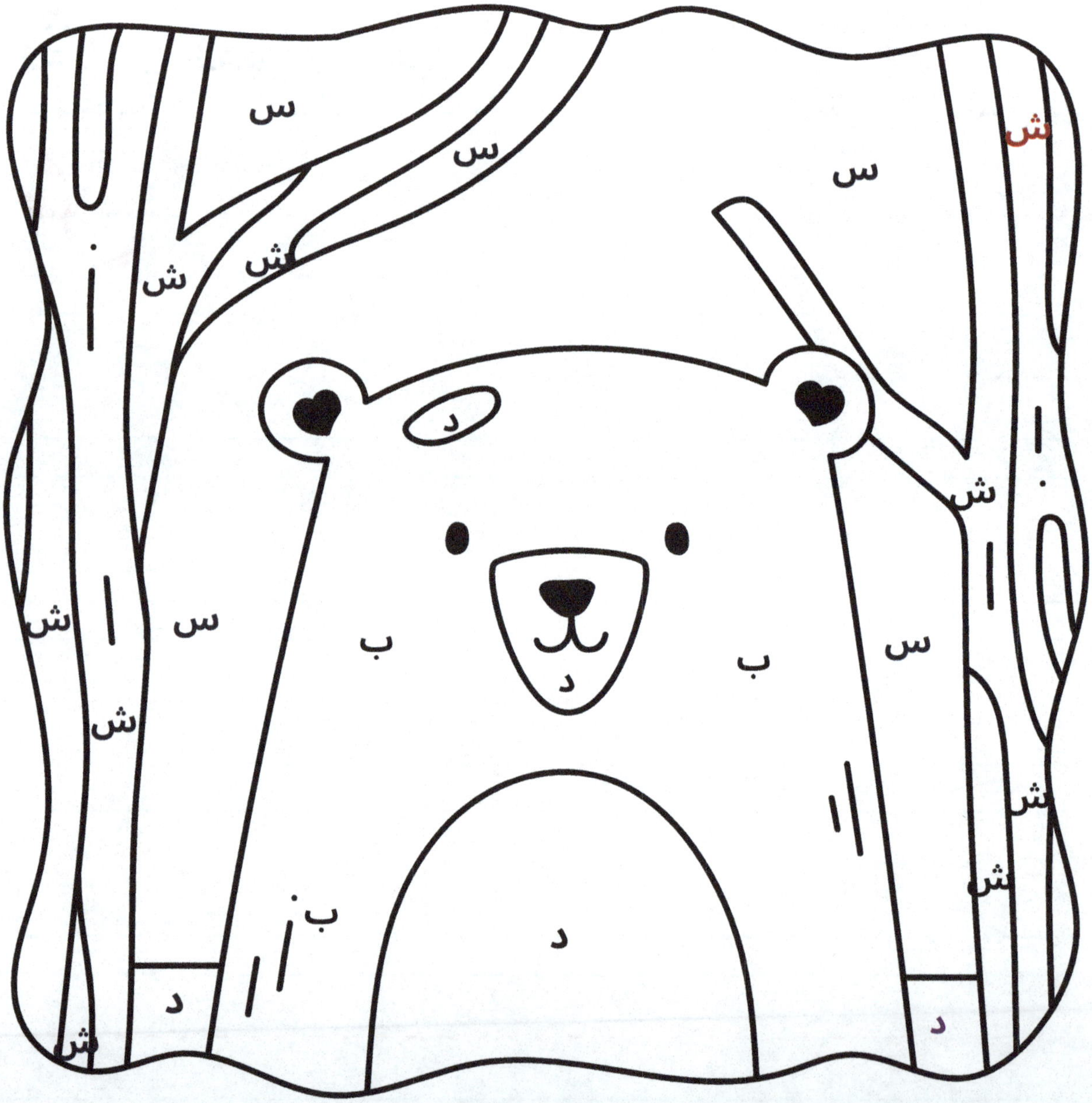

ج أ ح ر

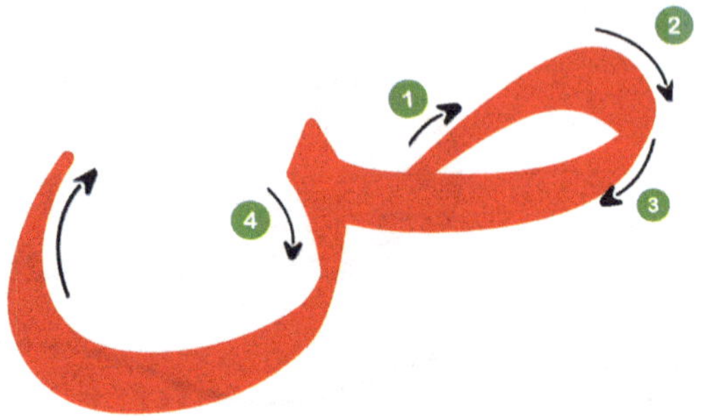

Saad

صُوصٌ

/soos/

ص

ص ص ص ص ص ص

ص ص ص ص ص ص

ص ص ص ص ص ص

ص ص ص ص ص ص

ص

ضِفْدَعٌ

/dhifda/

ض

1 2 3 4 5

Dhaad

ض ض ض ض ض ض

ض ض ض ض ض ض

ض ض ض ض ض ض

ض ض ض ض ض ض

ض ض ض ض ض ض

ض ض ض ض ض ض

ض ض ض ض ض ض

ض ض ض ض ض ض

ض ض ض ض ض ض

ض

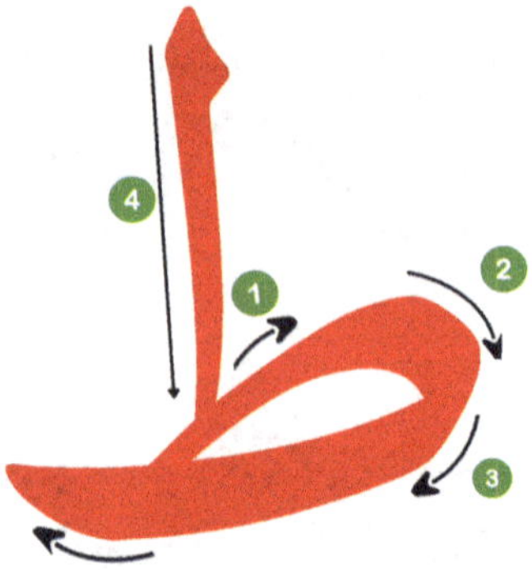

طَمَاطِمُ

/tamatim/

Taa

ط

ط ط ط ط ط ط

ط ط ط ط ط ط

ط ط ط ط ط ط

ط ط ط ط ط ط

ط

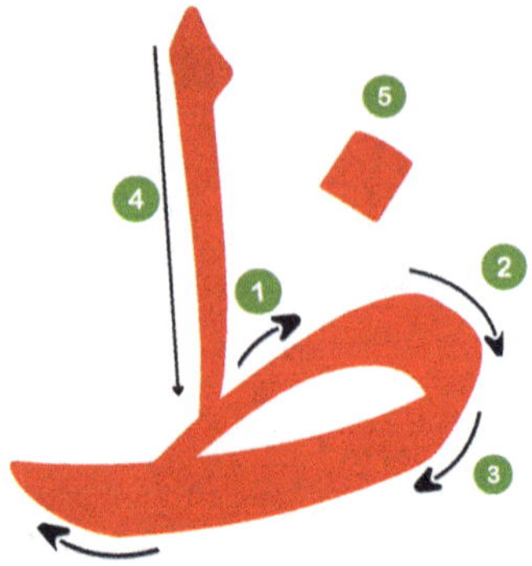

Taa

ظُرْبَان

/thorban/

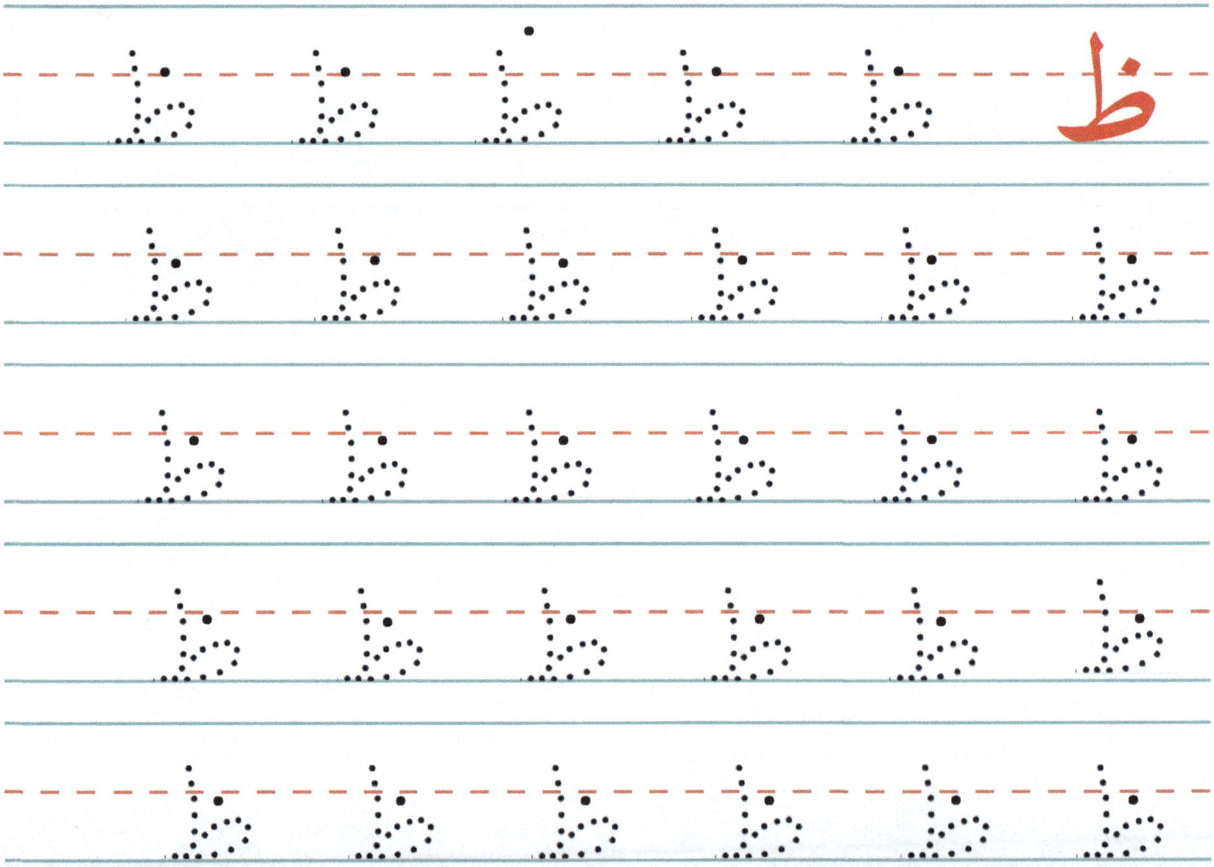

ظ ظ ظ ظ ظ ظ

ظ ظ ظ ظ ظ ظ

ظ ظ ظ ظ ظ ظ

ظ ظ ظ ظ ظ ظ

ظ

عِنَبٌ

/inab/

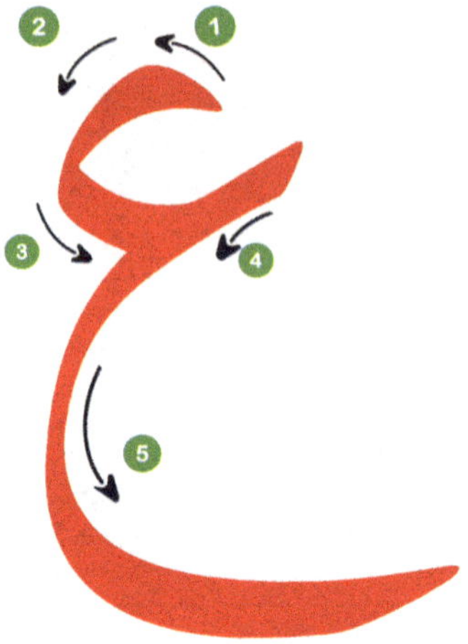

Ayn

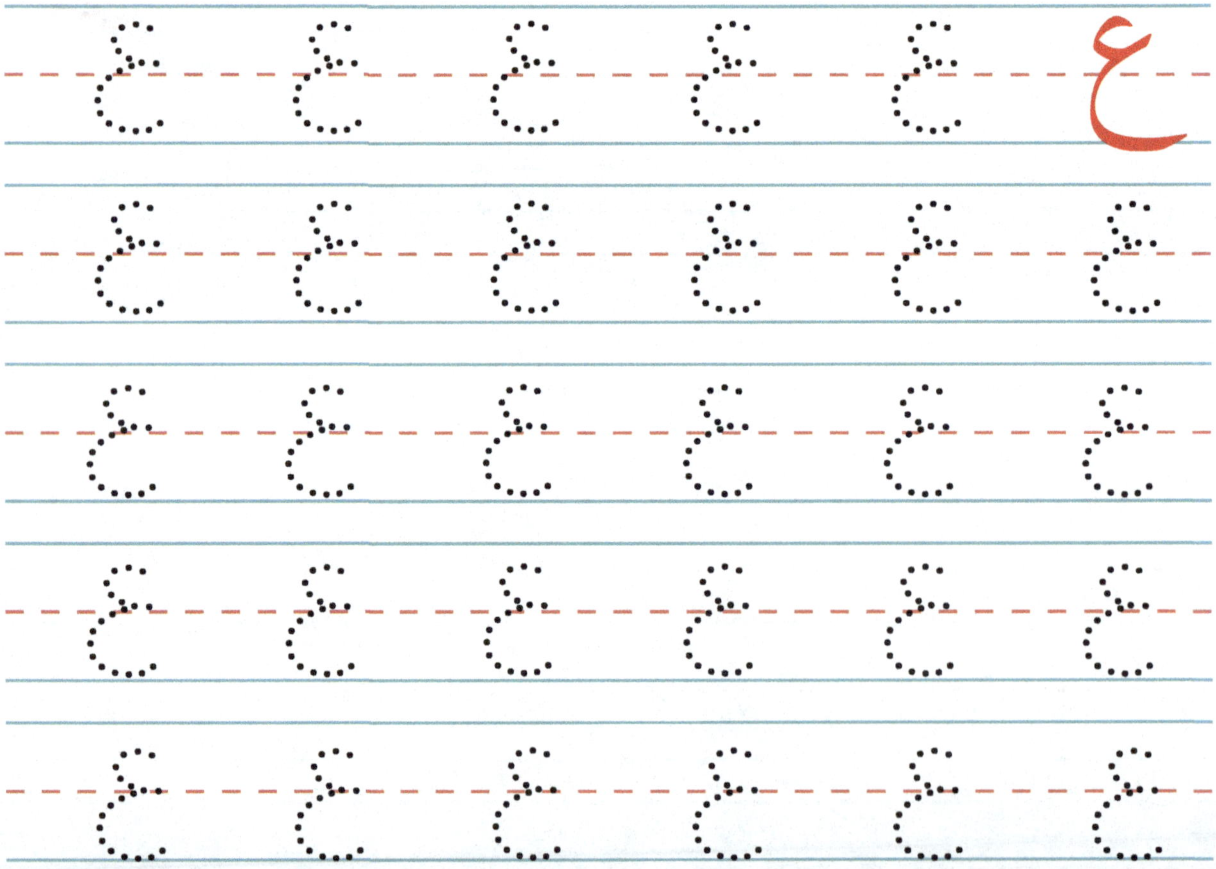

ع

ع

غَزَالٌ

/ghazal/

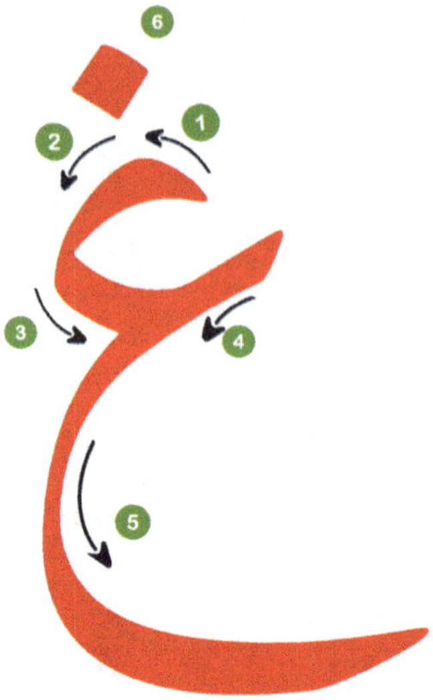

Ghayn

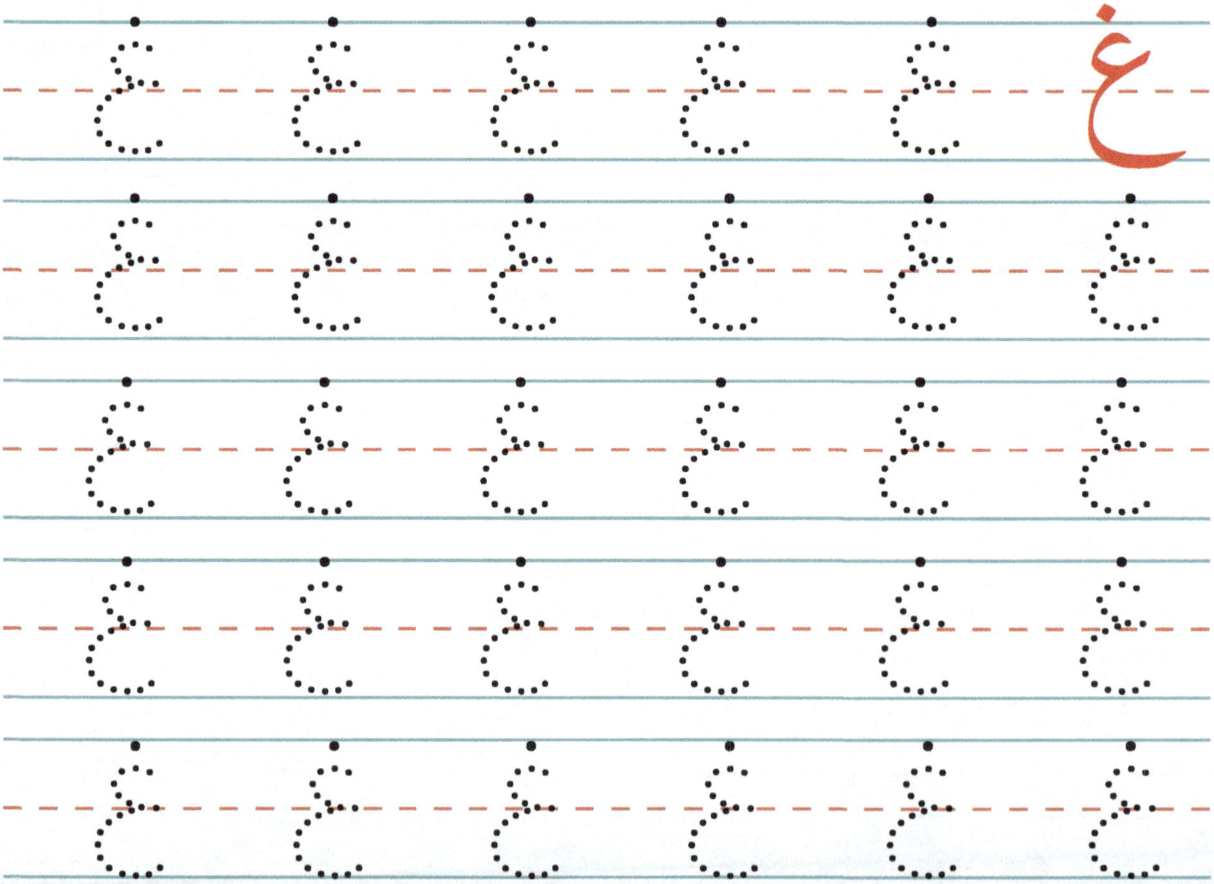

غ

غ غ غ غ غ

غ غ غ غ غ غ

غ غ غ غ غ غ

غ غ غ غ غ غ

غ

فِيلٌ

/fil/

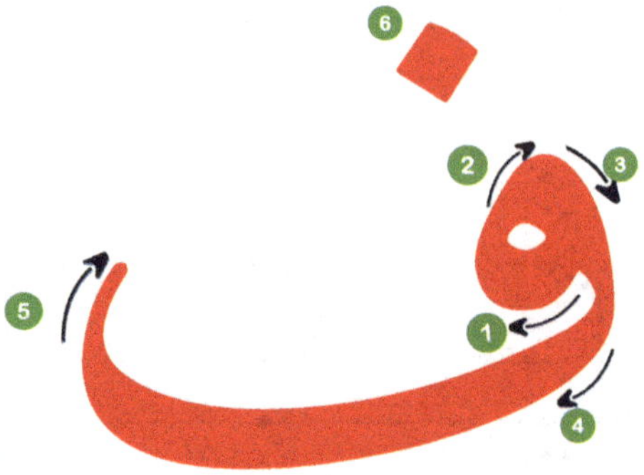

Faa

ف

ف ف ف ف ف ف

ف ف ف ف ف ف

ف ف ف ف ف ف

ف ف ف ف ف ف

ف

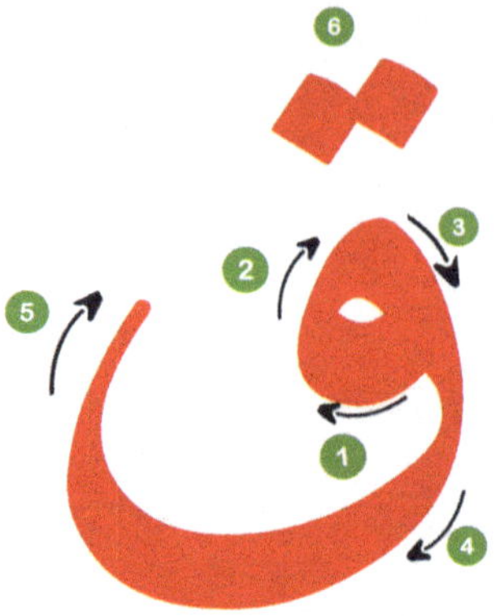

Qaaf

قِطّ

/qit/

ق

ق ق ق ق ق ق

ق ق ق ق ق ق

ق ق ق ق ق ق

ق ق ق ق ق ق

ق

كَلْبٌ

/kalb/

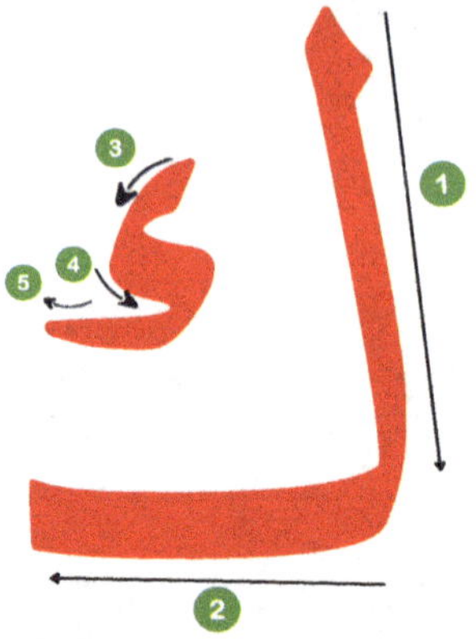

Kaaf

ك

ك ك ك ك ك ك

ك ك ك ك ك ك

ك ك ك ك ك ك

ك ك ك ك ك ك

ك

لَيْمُونْ

/laimoon/

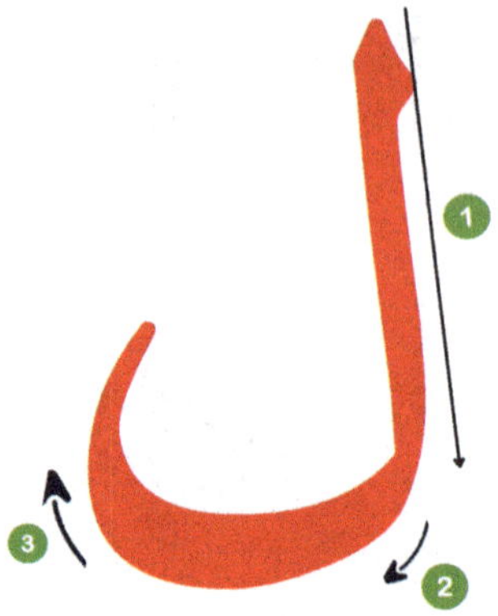

Laam

ل

ل ل ل ل ل ل

ل ل ل ل ل ل

ل ل ل ل ل ل

ل ل ل ل ل ل

ل

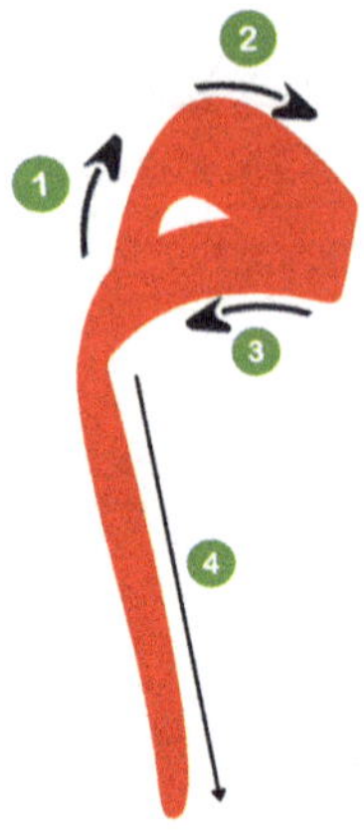

Miim

مَوْز

/maoz/

م م م م م م م

م م م م م م م

م م م م م م م

م م م م م م م

م

نَحْلَة

/nahla/

ن

Noon

ن

ن

ن

هُدْهُد

/hodhod/

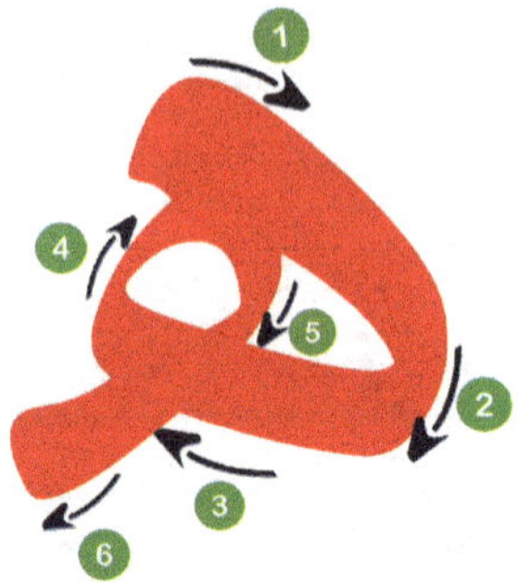

Haa

هـ

هـ

وَرْدَة

/warda/

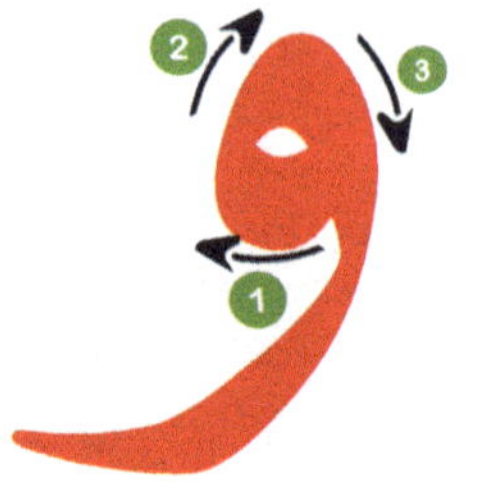

Waw

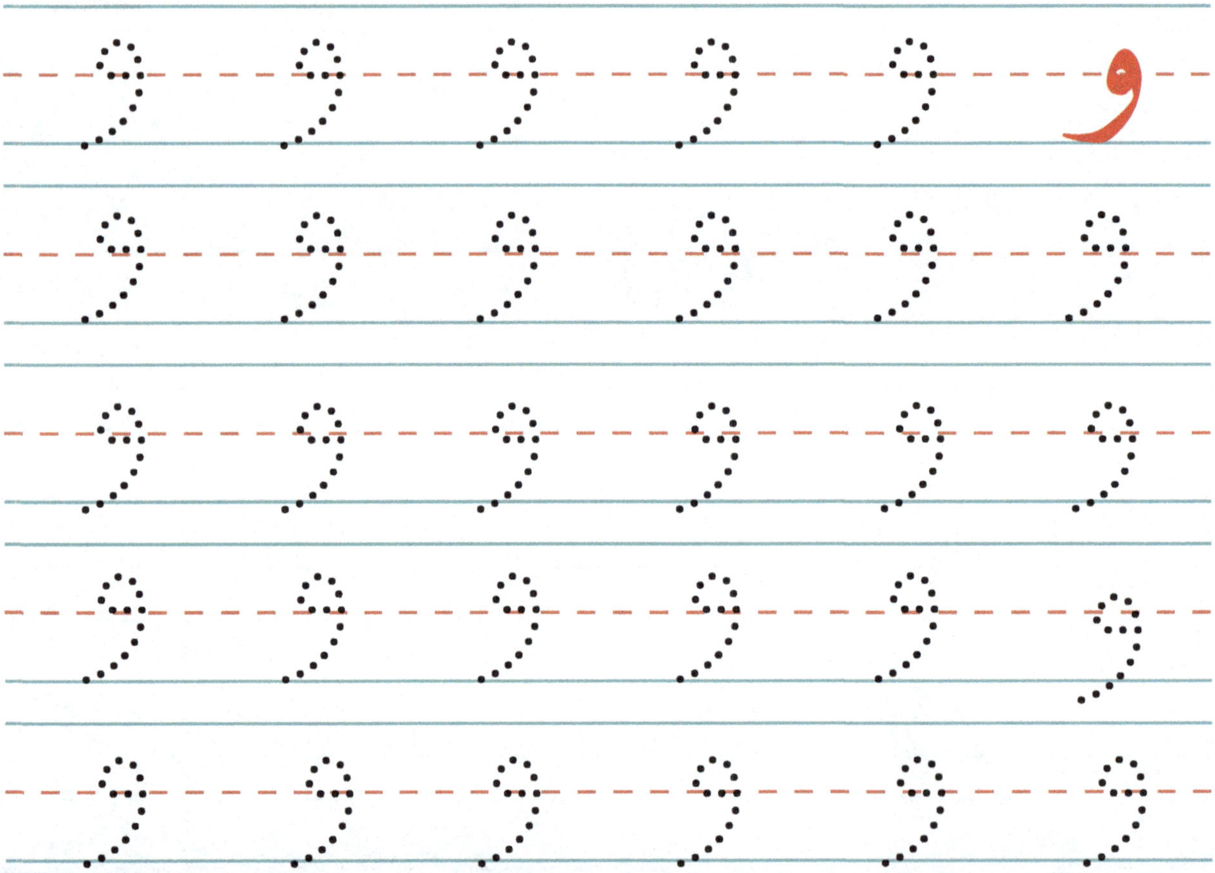

و و و و و و
و و و و و و
و و و و و و
و و و و و و

و

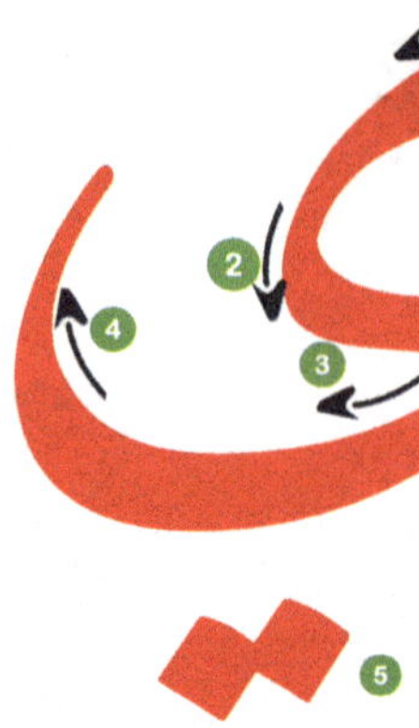

Waw

يَقْطِينْ

/yaktin/

ي

ي

ي

Écrivez toutes les lettres de l'alphabet arabe dans l'ordre en suivant ce ver !

Made in United States
North Haven, CT
10 November 2026

22084243R00043